Römisches Eriskirch

Antike Strassensiedlung und Nekropole

Führer zu den antiken Siedlungen des Bodenseeraumes 1

Eric Breuer

Römisches Eriskirch

Antike Strassensiedlung und Nekropole

Guides to classical ancient sites of lake Constance 1

Überblick *Der Bodenseeraum in der Antike*

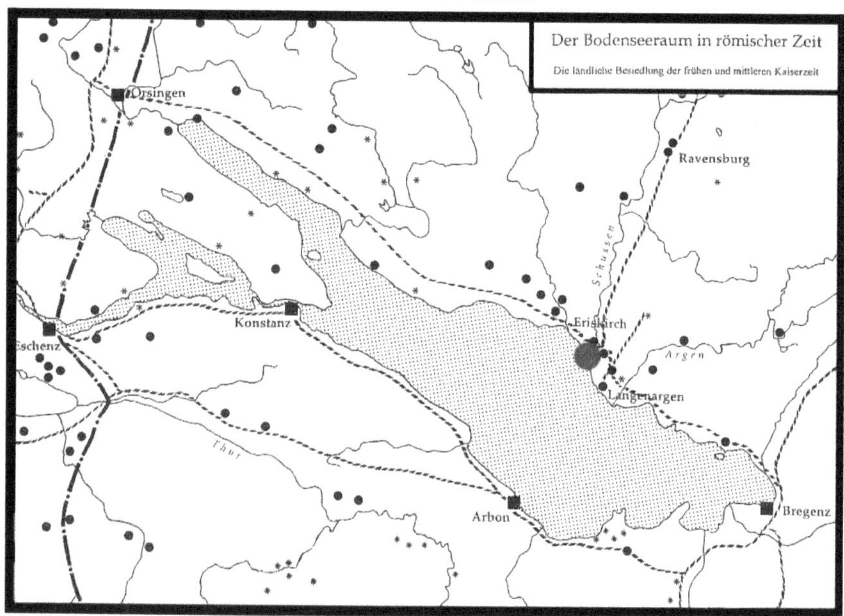

Die Deutsche Bibliothek - CIP-Einheitsaufnahme

Breuer, Eric:

Römisches Eriskirch. Antike Strassensiedlung und Nekropole. Führer zu den antiken Siedlungen des Bodenseeraumes 1. Guides to the ancient classical sites of lake Constance 1/ Eric Breuer. -

: Basel 2013.

ISBN 978-1-291-63391-7

Lektorat: Felix Guilino, München

Inhaltsverzeichnis

1. Vorwort 7

2. Geographie 8-9

3. Forschungsgeschichte 10-11

4. Historische Entwicklung 12-13

5. Die antike Siedlung 14-15

6. Die antike Nekropole 16-17

7. Geschichtlicher Überblick 18-21

8. Glossar 22-23

9. Bibliographie 24-25

10. Tafeln 26-30

11. Anfahrtsbeschreibung 31-33

1 *Nekropole Eriskirch: Graburne*

1

Vorwort

Wer als Tourist die Mittelmeerregion bereist, steht staunend vor den Zeugnissen der klassischen Antike, auch wenn oftmals nur noch wenige Säulen aufrecht stehen und grosse Teile modern rekonstruiert wurden: Die Spuren des klassischen Altertums ziehen bis heute Besucher an und sind beliebte Ausflugsziele für kulturinteressierte Urlauber. Wenig beachtet ist jedoch der Umstand, dass auch unsere Regio Teil dieser klassischen Welt der Antike war. Denn mit der Eingliederung in das Imperium Romanum hielt auch am Bodensee mediterrane Kultur Einzug. Auch bei uns gab es antike Tempel, Thermen und stadtartige Siedlungen. Selbst auf abgeschiedenen landwirtschaftlichen Anwesen des antiken Bodenseeraumes gab es kleine luxuriöse Thermenanlagen, und die Innenhöfe mögen in so manchem Fall eher hellenistischen Peristylhöfen des Südens geglichen haben denn unseren traditionellen alemannischen Bauernhöfen. Aber warum sind wir heute am Bodensee nicht von antiken Ruinen und klassischen Tempeln umgeben? Nach dem Ende römischer Verwaltungshoheit wurde der Bodenseeraum von Alamannen besiedelt, die sich mit den verbliebenen Romanen vermischten. Im Laufe der Zeit verfielen die nicht genutzten antiken Gebäude immer mehr. Flurnamen wie „Mauern“ oder „Weiler“ in Eriskirch bezeugen, dass die Gebäude teilweise noch weit bis ins Mittelalter aufrecht standen. Die im tektonisch aktiven Bodenseeraum mit seinen Hegauvulkanen periodisch auftretenden Erdbeben dürften so manches baufällige Gemäuer zum Einsturz gebracht haben. In Mittelalter und Neuzeit war gutes Baumaterial für Häuser rar. Deshalb verkaufte man bis ins 19. Jahrhundert sogar mittelalterliche Burgen zum Abbruch, um die Bausteine wiederzuverwerten. Auch römische Ruinen wurden zu diesem Zweck bis auf die Grundmauern abgetragen. Die Mauerstümpfe wurden, da schwierig zu beackern, von Pflanzen überwuchert, so dass sie bald unter einer Pflanzen- und Humusdecke nicht mehr im Gelände sichtbar waren. In dieser Reihe von archäologischen Führern wird ein Einblick in die Lebenswelt am Bodensee in der Zeit der Antike gegeben.

2 *Römisches Eriskirch*

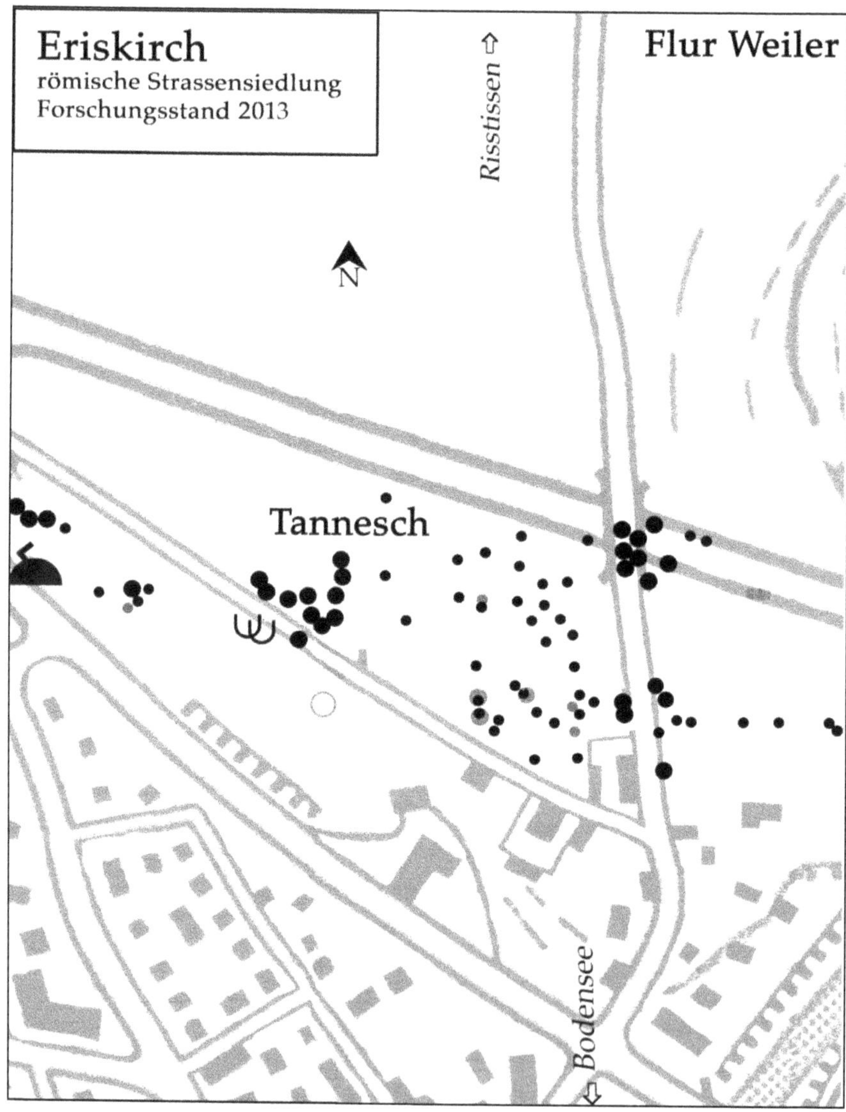

2

Geographie

Der Bodensee ist einer der grössten Seen Europas. Gespeist wird er vor allem durch das Wasser des Alpenrheins und durch einige kleinere Flüsse. Einer dieser Flüsse ist die Schussen, die ungefähr in der Mitte des Obersees an dessen nördlichem Ufer in den Bodensee mündet. Zusammen mit Rotach und Argen schuf der Fluss im Bereich des Bodensees ein ausgedehntes, tief liegendes Schwemmland, dessen Niederungen sich von den ansonsten vorhandenen leichten Höhenzügen unterscheiden.

Wie Untersuchungen der Sedimente des Schussendeltas zeigen, hat sich der Mündungsbereich seit der Antike erheblich verändert. Zur Römerzeit lag das antike Bodenseeufer viel weiter nördlich. Durch die Sedimente, die der Fluss mit sich führte, verlandete der Uferstreifen zusehends, und ein Flussdelta bildete sich. Auch war der Lauf des Flusses ständigen Veränderungen unterworfen, wie zahlreiche kurvolieare Senken und Altwässer beweisen.

Die antike Siedlungsagglomeration von Eriskirch erstreckt sich beidseits der Schussen im Bereich eines Altwassers, dass durch die Flussbegradigung Anfang des 20. Jahrhunderts entstanden ist vom Fluss abgeschnitten wurde.

Während die antiken, landwirtschaftlich geprägten Anwesen (villae rusticae) nach Empfehlung antiker Autoren meist leichte Höhenlagen als Schutz vor übermässiger Bodenfeuchtigkeit, Ungeziefer und Stechmücken bevorzugten, liegen Teile der antiken Siedlungsagglomeration von Eriskirch genau in den überschwemmungsgefährdeten Niederungen der unteren Flussterrassen. Die topographische Lage zeigt eindeutig, dass die römische Brücke (und daraus resultierend die römische Strasse) entscheidend für die Standortwahl bei der Errichtung der Siedlung waren. Des weiteren bot die Lage in einer seenahen Flusschleife, des träge dahinfliessenden Flusses, eine geschützte sturmsichere Ankermöglichkeit für antike Schiffe. Mit flachen Lastkähnen von geringem Tiefgang konnte der Fluss auch weiter nördlich befahren werden.

Somit ist Eriskirch neben Risstissen einer der Knotenpunkte einer antiken Verkehrsachse vom Bodensee über die Flüsse Schussen und Riss zur Donau.

3 *Römische Brücke*

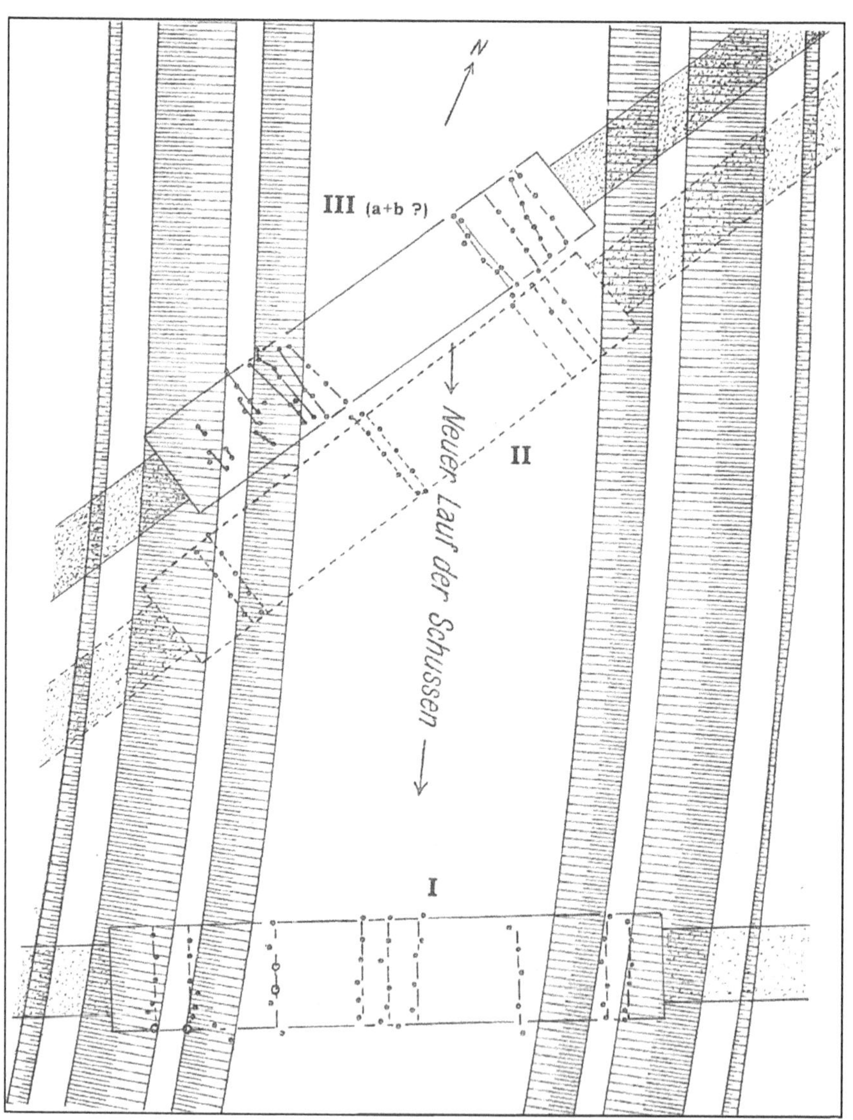

3

Forschungsgeschichte

Bereits im 19. Jahrhundert wurden in den Fluren „Weiler“ und „Mauern“ römische villae rusticae vermutet. Davon abgesehen, dass diese Fundpunkte nicht zur römischen Siedlung von Eriskirch gehören, konnte bis zum heutigen Tage kein Beweis dafür erbracht werden.
Anfang des 20. Jahrhunderts fand man bei der Begradigung der Schussen eine umfangreiche Pfahlanlage in der Schussen, die aufgrund der vorherrschenden Pfahlbaueuphorie zunächst für eine stein- oder bronzezeitliche Pfahlbausiedlung gehalten wurde. In der Folge geriet die Sache weitgehend in Vergessenheit, bis durch gezielte Nachforschungen eines Archäologiestudenten in den achtziger und neunziger Jahren des 20. Jh. der Nachweis einer römischen Siedlungstätigkeit erbracht werden konnte. Er hatte sich gewundert, dass am nördlichen Bodenseeufer keine vici vorhanden sind, während vom Südufer des Sees zahlreiche Strassensiedlungen sogar namentlich bekannt waren. Nachdem er theoretisch die topographischen Standortfaktoren für bereits bekannte Vici analysiert hatte, übertrug er sie auf die Landschaft und Topographie des nördlichen Bodenseeraumes. In diesem Zusammenhang war er auf einen alten Bericht über die Pfahlanlage von Eriskirch gestossen und rekonstruierte aus der Anordnung der Pfähle eine mehrphasige Brückenanlage. Da das Denkmalamt seiner vorgetragenen These von der Existenz einer Strassensiedlung in Eriskirch skeptisch gegenüberstand, führte er auf eigene Faust archäologische Surveys in Eriskirch durch. Erschwerend kam hinzu, dass in einem Artikel eines Mitarbeiters des Landesdenkmalamtes die Brücke viel zu weit südlich, in der südlichsten Flussschleife, eingetragen war, so dass die Surveys erst erfolgreich waren, nachdem man sich von der Lokalisierung des Denkmalamtes löste und systematisch alle Gebiete ausserhalb der bislang vermuteten römerzeitlichen Siedlungsstellen untersuchte. Während die bislang vermuteten Siedlungsstellen keinerlei römisches Fundmaterial lieferten, gelang es, in dem Gemeindeteil Tannesch römische Keramik und Dachziegel zu orten. Von da ab wurden die neuen Fundstellen systematisch untersucht.

4 *Römische Funde*

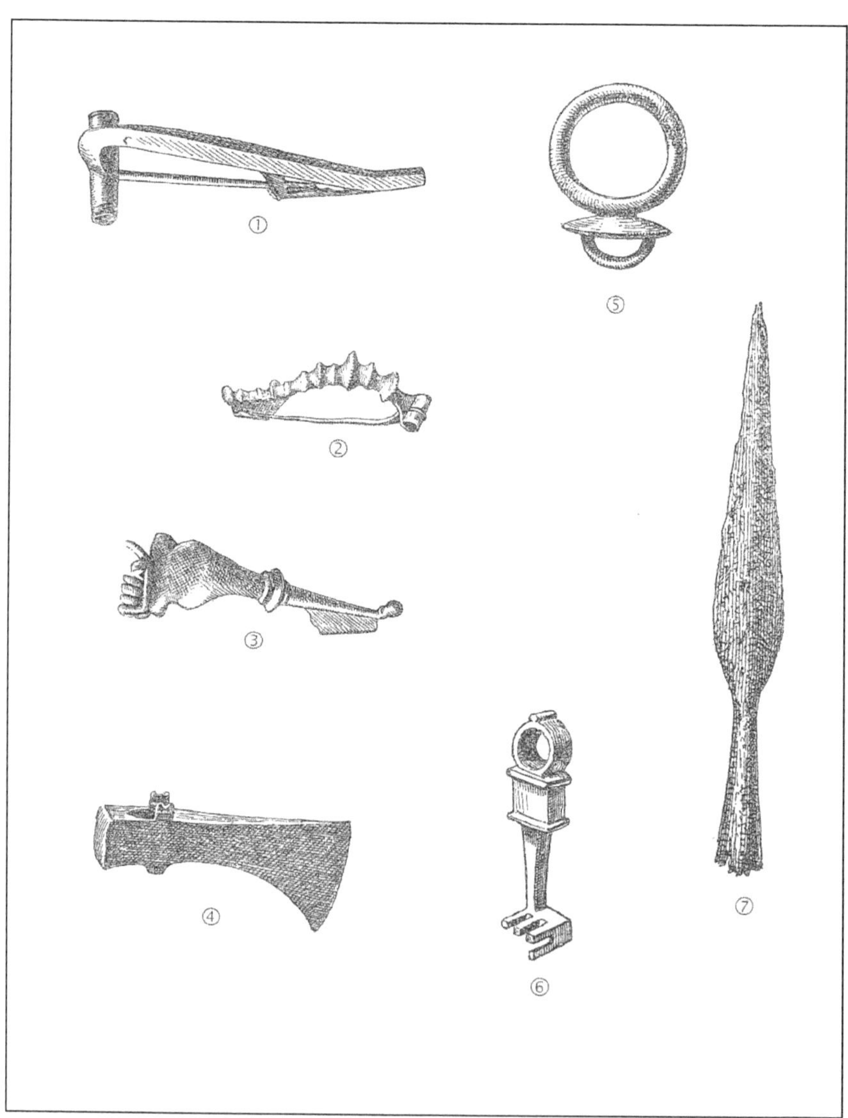

4

Historische Entwicklung

Der antike Name von Eriskirch ist unbekannt. Möglicherweise trug die Siedlung den antiken Namen des Flusses Schussen mit dem Zusatz „Ad", wie es bei Ad Lunam, Ad Rhenum oder Ad Aenum bezeugt ist. Auch könnte der Namensteil ERIS (= <Aris-) von einem antiken Ortsnamen abgeleitet sein, wie es bei FAIMingen, antik PHOEBiana oder GÜNZburg, antik GUNTIA, der Fall ist. Über eine helvetische Vorgängersiedlung ist nichts bekannt. In Eriskirch gefundene Gefässe in „keltischer" und raetischer Tradition sind wenig aussagekräftig, da derartige Formen bis zur Römerzeit gebräuchlich waren. Die früheste gefundene römische Münze stammt aus der Zeit des Kaisers Augustus. Aufgrund der teilweise langen Verwendungszeit römischer Münzen kann sie jedoch nicht für eine genaue Datierung des Siedlungsbeginns herangezogen werden. Nach Ausweis der Funde beginnt die Besiedlung zwischen 50 und 70 n. Chr., zwischen der Regierungszeit des Kaisers Claudius und dem Beginn der flavischen Kaiserdynastie. Spätestens während der Regierungszeit Kaiser Trajans erlebt die römische Siedlung von Eriskirch einen raschen Aufschwung. Im zweiten Jahrhundert entsteht auf der Ostseite der Schussen ein weiterer Siedlungsteil mit Töpferhandwerk. In dieser Zeit werden auch die Öfen im Bereich des Feuerwehrhauses errichtet. Das Fehlen früher und die Dominanz später Töpfereierzeugnisse in den Randbereichen der Siedlung deuten auf eine Vergrösserung der Siedlung im zweiten und dritten Jahrhundert n. Chr. Wie die meisten anderen Siedlungen dürfte auch das römische Eriskirch schwer unter den Germaneneinfällen von 233 und 260 n. Chr. gelitten haben. Kontinuitäten in Münzspiegeln, Keramik und landwirtschaftliche Nutzung dokumentierende Pollendiagramme deuten auf ein Weiterleben romanischer Bevölkerungselemente nach 260 n. Chr. Möglicherweise hat sich die römische Bevölkerung von Eriskirch in der Folge in unzugänglichere Teile des Argentales zurückgezogen, wo der antike Name des Flusses Argen und „Ad Arguna" auf Restromanen deutet. Die Ruinen müssen noch lange sichtbar gewesen sein, wie die mittelalterliche Erwähnung eines *antiquum castrum, vocatur du Mure* bezeugt.

5 *Luftbild mit Gebäudespuren*

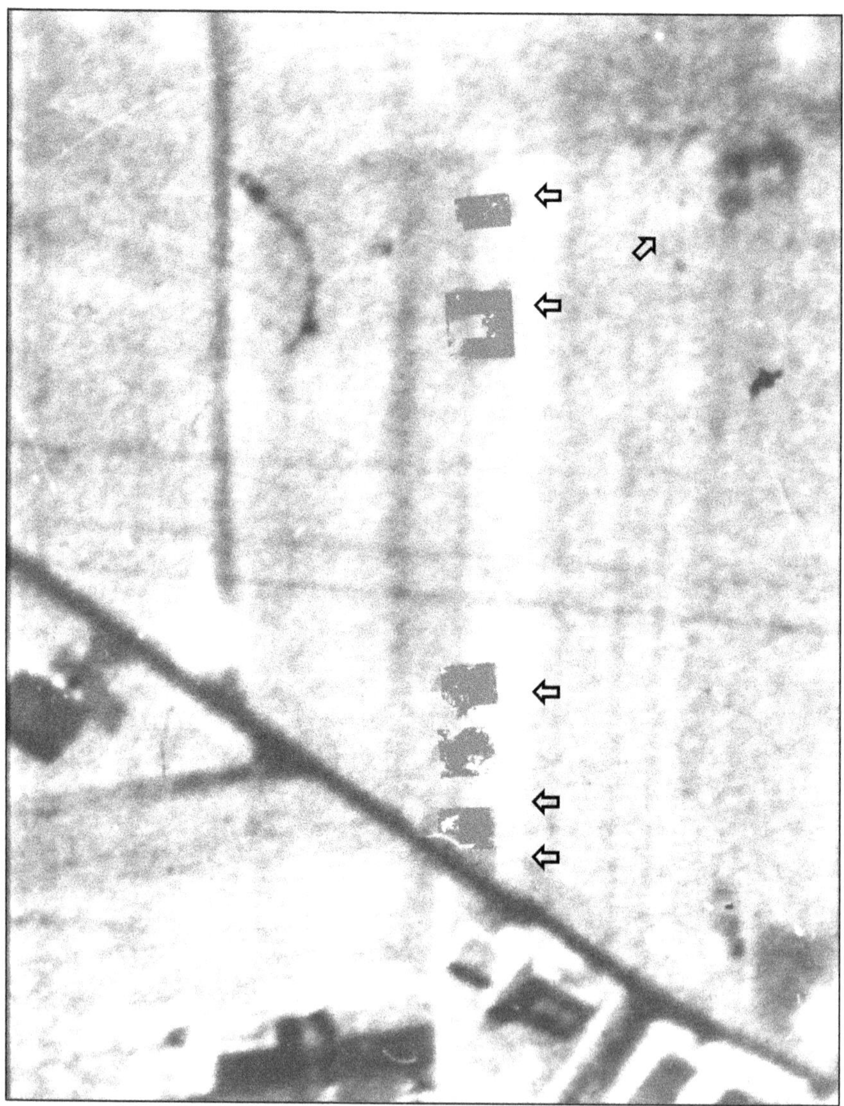

5

Die antike Siedlung

Die antike Siedlung von Eriskirch erstreckt westlich der Schussen über 418 m mit einer Gesamtausdehnung der Siedlungsagglomeration von 717 m. Im westlichen Teil der Siedlung fanden sich mehrere Töpferöfen und weitere Siedlungsüberreste. Faktisch inmitten der Siedlung lag eine ausgedehnte Nekropole. Nur wenig östlich der Nekropole beginnen die ersten Gebäude des zentralen Teils der Siedlung. Die Gebäude sind offensichtlich aus Holz errichtet worden. Hinweise auf steinerne Architektur existieren bislang nicht. Das Areal ist von Kiesschüttungen von Pflasterungen von Strassen und einem grösseren Platz durchzogen. Zwischen den Kiesschüttungen fanden sich schwärzliche Feuerstellen, die von handwerklichen Aktivitäten und Herdstellen der Häuser stammen könnten. Auffallend ist ein ca. 50 m x 50 m grosser Bereich, aus dem bislang ca. 34 kg. Eisenschlacke stammen. Am nordöstlichen Rand dieses Areals konnte ein Ofenbereich nachgewiesen werden, der so grosser Hitze ausgesetzt gewesen war, so dass noch in 2 m Tiefe ein verziegelter Bereich von einem Meter Durchmesser vorhanden war. Möglicherweise handelt es sich um eine Schmiede oder andere eisenverarbeitende Werkstätten. Nördlich und östlich dieses Bereiches fanden sich Reste von Holzgebäuden, Brunnen und Latrinen. Funde von Keramik belegen, dass diese Siedlungsspuren bis nahe an das Ufer der Schussen reichten. In der Schussen befanden sich Pfahlreihen, zwischen denen unter anderem auch römische Münzen, Fibeln und Keramikscherben lagen. Die Pfähle gehören zu einer mindestens dreiphasigen römischen Brückenanlage, die die wirtschaftliche Grundlage der Strassensiedlung bildete. Die verschiedenen Bauphasen der Brücke weisen unterschiedliche Ausrichtungen auf, was für eine Verlegung der Trasse aufgrund von Änderungen des Schussenlaufes sprechen könnte. Im Ortsteil Mariabrunn befindet sich eine Töpferei, die aufgrund der räumlichen Nähe zur Brücke und Hauptsiedlung ebenfalls zur Siedlungsagglomeration von Eriskirch gehört. Auf der Hochterrasse von Mariabrunn fand sich zudem ein römisches Brandgrab.

6.1 *Grabbeigabe: Ton-Granatäpfel*

6

Die antike Nekropole

Faktisch inmitten der Siedlung lag die ausgedehnte Nekropole, die Brandbestattungen mit Beigaben des ersten bis dritten Jahrhunderts n. Chr. enthielt. Zu Beginn der Besiedlung befand sich die Nekropole ausserhalb. Im Laufe der Zeit dehnte sich die Siedlung weiter nach Westen aus. Hierdurch kam es im zweiten Jahrhundert zu Überschneidungen, da die Siedlung Richtung Westen über die Nekropole hinauswuchs. Die in der Nekropole von Eriskirch bestatteten Toten wurden zusammen mit ihren Beigaben verbrannt. Aus dem Scheiterhaufen wurden die Knochen und verbrannten Beigaben herausgelesen und in einer Urne aus Ton bestattet. Als Tonurnen wurden zum Teil topfartige Keramikgefässe und handgemachte Kochtöpfe aus Ton verwendet. In einigen Fällen weisen Häufungspunkte menschlicher Knochen auf Brandschüttungsgräber oder Bestattungen in Behältern aus organischem Material. Im ersten Fall wurden Knochen und verbrannte Beigaben einfach in die Grabgrube gestreut. Im zweiten Fall deponierte man den Leichenbrand in Stoff-, Ledersäcken oder hölzernen Schächtelchen ohne Metallbeschläge und bestattete sie so in einer Grabgrube. In einem Fall scheinen die sterblichen Überreste des Bestatteten in einem metallbeschlagenen Holzkästchen bestattet worden zu sein. Aussergewöhnlichster Fund sind zwei kugelförmige Tonobjekte von 6 und 7 g Gewicht und mit kurzem Stiel, die intentionell nebeneinander niedergelegt wurden, wobei bei einem der Stiel nach oben und beim anderen nach unten zeigte. Es dürfte sich um stilisierte Granatäpfel handeln, die als Grabbeigabe besonders aus dem griechischen und hellenistischen Osten bekannt sind und in der antiken Mythologie sowohl Leben und Fruchtbarkeit, aber auch den Tod symbolisieren. In der antiken Sage von Persephone, die ihrer Mutter, der Göttin Demeter, von Hades, dem Gott der Unterwelt, geraubt wurde, steckt Hades Persephone Granatapfelsamen in den Mund, worauf sie bei ihm bleiben muss, da jeder, der in der Unterwelt etwas isst, diese nicht mehr verlassen kann. Der Fund eines Granatapfelzweiges in einem römischen Brunnen könnte auf die Kultivierung des Strauches am Bodensee deuten.

6.2 *Graburne*

geschmolzenes Glasgefäss **6.3**

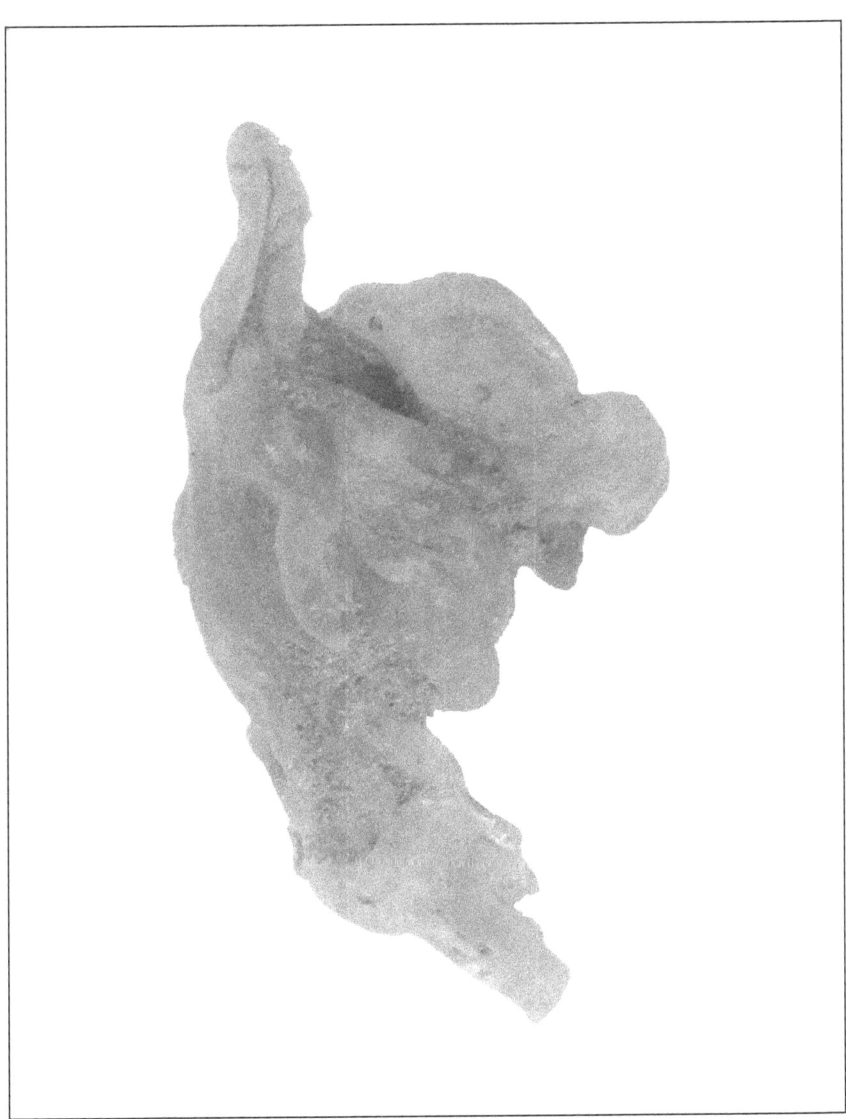

7 *Römische Münzen*

7

Geschichtlicher Überblick

Erste Spuren menschlicher Besiedlung in Eriskirch stammen aus der Steinzeit. Aufgrund des haltbaren Materials haben sich Steinäxte der ersten bäuerlichen Siedler dieser Zeit erhalten. In die Urnenfelderzeit datiert eine bronzene Speerspitze, die in Mariabrunn gefunden wurde. Für die Zeit der keltischen und raetischen Besiedlung des Bodenseeraumes konnten bislang keine Belege für Eriskirch ermittelt werden. Nach Ausweis der antiken Geographen siedelten am Bodensee keltische Vindeliker und Brigantier. Für die römische Zeit deutet jedoch die Verbreitung der Erzeugnisse der verschiedenen regionalen Töpfermanufakturen zusammen mit anderen Sachaltertümern darauf hin, dass die civitas der Brigantier maximal bis zur Argen reichte. Die Siedlungsgebiete der Vindeliker dürften weiter nördlich und östlich gelegen haben, da ihr wichtigster Hauptort Augusta vindelicorum (Augsburg) sich bereits weit entfernt von der Bodenseeregion befindet. Auffällig ist die Ähnlichkeit der lokalen Keramik aus Eriskirch mit der der Ostschweiz. Helvetische Sigillataimitation und helvetische Terra sigillata sind am nördlichen Bodenseeufer gut vertreten. Kulturell zeichnet sich in Eriskirch das Bild einer „civitas helvetiorum“ ab. Da das Fundmaterial der Region um Eriskirch lokale eigenständige Elemente aufweist, wäre es möglich, dass die Region um Eriskirch mit Kernbereich zwischen den Flüssen Rotach, Schussen und (als östlicher Grenze) der Argen eine eigenständige helvetisch geprägte civitas bildete. In Ermangelung gösserer städtischer Zentren hätte die römische Strassensiedlung von Eriskirch für die umliegenden villae rusticae die Funktion eines zentralen Marktortes innegehabt und einen Civitas-Hauptort ersetzt. Nach dem Limesfall könnte die Zentralregierung versucht haben, die alte Civitas-Grenze an der Argen als neue Aussengrenze zu etablieren und die Administration vom zerstörten Eriskirch in das vorgeschobene Argen zu verlegen, womit erklärt wäre, warum Argen im Frühmittelalter Zentralort des Argengaus war. Für Eriskirch fehlen bislang frühmittelalterliche Funde. Erst aus Hochmittelalter und früher Neuzeit gibt es schriftliche Belege.

8

Glossar

AD RHENUM: *antiker Name eines bislang noch nicht lokalisierten Ortes. Vermutlich im Bereich des Rheines im Umfeld von Rheineck*

ALEMANNEN: *inhomogene Volksgruppen, die sich ab dem dritten Jahrhundert n. Chr. im Voralpenland niederliessen. Deutliche Romanisierungstendenzen in der Spätantike, Namen der Einzelstämme (z. B. Lentienses, Rhaetovarii, Brisigavii) römischen Ursprungs*

ANTIKE: *Zeit der Griechen und Römer. Je nach Blickwinkel werden Beginn, Dauer und Ende unterschiedlich definiert. Meist zwischen 8. Jahrhundert v. und 5. Jahrhundert n. Chr. angesiedelt*

ARBOR FELIX: *antiker Name von Arbon*

BRIGANTIUM: *antiker Name von Bregenz*

BRIGANTIER: *keltischer Volksstamm am südöstlichen Bodenseeufer. Hauptort: Brigantium (Bregenz)*

CONFLUENTES: *antiker Name eines bislang noch nicht lokalisierten Ortes im östlichen Bodenseeraum. Vermutlich in der Nähe von Bregenz*

CONSTANTIA: *vermutlicher spätantiker Name von Konstanz. Der früh- und mittelkaiserliche Name der Siedlung ist unbekannt*

CURSUS PUBLICUS: *öffentliches staatliches Strassennetz in römischer Zeit*

DEMETER: *griechische Erdgöttin. Zuständig für die Fruchtbarkeit der Erde. Römische Göttin Ceres*

ENGOBE: *feiner Tonschlicker, der bei der Herstellung von Keramik auf der Oberfläche aufgebracht wurde und beim Brennen der Tongefässe zu einer glänzenden Oberfläche versinterte*

FIBEL: *Gewandspange, die römische Kleidungsbestandteile zusammenhielt wie eine Sicherheitsnadel*

GRANATAPFEL: *im östlichen Mittelmeerraum Symbol für Fruchtbarkeit und Leben, aber auch Tod. Im Bodenseeraum wurde in einem römischen Brunnen ein Granatapfelzweig gefunden. Aus dem mittelalterlichen Konstanz stammen Samen von Granatäpfeln. Möglicherweise wurde in römischer Zeit versucht, die Pflanze am Bodensee zu akkulturieren*

HADES: auch Ais, Aides oder Aidoneus. *Griechischer Gott der Unterwelt*

HELVETIER: *keltischer Volksstamm, der am südlichen, westlichen und nördlichen Bodenseeufer siedelte*

IMBREX: *halbröhrenförmiger Dachziegel, der den Spalt zwischen zwei plattenförmigen Dachziegeln abdeckte*

INTERPRETATIO ROMANA: *Gleichsetzung fremder Gottheiten mit denjenigen römischen Göttern, denen ähnliche Eigenschaften zugeschrieben wurden*

IULIOMAGUS: *antiker Name des vicus von Schleitheim*

LACUS ACRONUS: *antiker Name des Untersees des Bodensees*

LACUS BRIGANTINUS: *antiker Name des Bodensees*

LACUS VENETUS: *antiker Name des Obersees des Bodensees*

LENTIENSES: *alamannischer Stamm, der am nordwestlichen Bodenseeufer siedelte*

MODEL: *hier: tönerne Formschüssel mit innen eingestempeltem Dekor zur Fertigung von Terra-sigillata-Bilderschüsseln*

MANSIO: *antikes römisches Rasthaus an einer Strasse*

NEKROPOLE: *antiker Friedhof. (griech.: Totenstadt)*

RAETER: *Volksstamm, der die Alpen bewohnte. Nach antiken Quellen mit den Etruskern verwandt. Besiedelte auch das Alpenrheintal*

RAETIA: *antike römische Provinz, benannt nach dem Alpenvolk der Raeter. Umfasste Teile der Schweiz, Österreichs, Bayerns, Badens und Württembergs. In der Spätantike in zwei Teile geteilt, als Raetia prima und Raetia secunda*

TASGAETIUM: *antiker Name von Eschenz, griechisch: Taxgaition*

TERRA NIGRA: *grautoniges römisches Speisegeschirr aus meist regionaler Produktion mit schwarzer Engobe. Herstellungstechnik vermutlich griechisch-hellenistischen Ursprungs. Einige Formen ahmen unverzierte Sigillata nach*

TERRA SIGILLATA: *römisches Speisegeschirr mit roter Engobe, z. T. verziert und mit Modeln hergestellt*

THERME: *römische Badeanlage, z. T. beheizte Räume, Synonym: balneum*

VICUS: *antike dörfliche Ansiedlung, meist an Verkehrsknotenpunkt, Marktfunktion, an Strasse Handwerkerquartiere mit langen, streifenförmigen Häusern, einige vici z. T. mit kleinem Tempelbezirk, kleiner Therme und ummauertem Hofareal mit kleinem Tempel mittig an Rückseite in Forumsfunktion. Rechtlicher Staus von Siedlung und Einwohnern unbekannt*

VICANI: *Bewohner eines vicus*

VINDELIKER: *keltischer Volksstamm im Voralpenland*

VILLA RUSTICA: *antiker römischer Bauernhof*

9

Bibliographie

P. Bochtler (Hrsg.), Festschrift zur 700-Jahr-Feier der Gemeinde Eriskirch (Eriskirch 1957).

K. Christ/P. R. Franke, Die Fundmünzen der römischen Zeit in Deutschland. Abt. II Baden-Württemberg. 3. SW-Hohenzollern. (Berlin 1964)

W. Dobras, Die römische Epoche des Bodenseeraumes im Spiegel lateinischer Quellen (Lindau 1978).

W. Drack, Die helvetische Terra Sigillata-Imitation des 1. Jahrhunderts nach Chr. Schriften des Institutes für Ur- und Frühgeschichte der Schweiz 2 (Basel 1945).

W. Drack/R. Fellmann, Die Römer in der Schweiz (Stuttgart/Jona 1988).

O. Feger, Das älteste Urbar des Bistums Konstanz, angelegt unter Bischof Heinrich von Klingenberg. Untersuchungen und Textausgabe. Oberhreinische Urbare 1 (Karlsruhe 1943).

P. Goessler, Die vor- und frühgeschichtlichen Altertümer des Oberamts Tettnang. In: Beschreibung des Oberamts Tettnang[2] (Stuttgart 1914), 136-176.

P. Goessler/F. Hertlein/O. Paret, Die Römer in Würtemberg I-III (Stuttgart 1928-1932).

I. Grüninger, Die Römerzeit im Kanton St. Gallen. Mitteilungen Schweiz. Gesellschaft für Ur- und Frühgeschichte 29, 1977, 13-20.

W. U. Guyan/J. E. Schneider/A. Zürcher (Hrsg.), Turicum-Vitudurum-Iuliomagus. Drei Vici in der Ostschweiz. Festschr. Coninx (Zürich 1985).

J.-B. Haversath, Die Agrarlandschaft im röm. Deutschland der Kaiserzeit (1.- 4. Jh. n. Chr.). Pass. Schr. z. Geogr. 2 (Passau 1984).

R. Heuberger, Die ältesten Quellenaussagen über die Bodenseegegend. Montfort 2, 1947, 140-157.

R. Heuberger, Der Bodenseeraum im Altertum. In: H. Büttner/O. Feger/B. Meyer (Hrsg.), Aus Verfassungs- und Landesgeschichte. Festschr. Th. Mayer z. 70. Geb. Bd.2.Geschichtl. Landesforschung, Wirtschaftsgeschichte u. Hilfswissenschaften (Lindau 1955) 7-21.

V. Jauch, Eschenz - Tasgetium. Römische Abwasserkanäle und Latrinen. Archäologie im Thurgau 5 (Frauenfeld 1997).

F. Keller, Die römischen Ansiedelungen in der Ostschweiz I. Mitteilungen d. Antiquarischen Gesellschaft Zürich 12, 7, 1860, 169-241.

H. Löffler, Sprachliche Zeugen aus römischer Zeit am nördlichen Bodensee. Alemannisches Jahrbuch 1971/72, 217-228.

G. Matter, Der römische Vicus von Kempraten. Jahrbuch der Schweiz. Gesellschaft für Ur- und Frühgeschichte 82, 1999, 183-211.

K. Miller, Altgermanische Ringburgen und römische Niederlassungen nördlich vom Bodensee. Schriften des Vereins für Geschichte des Bodenseekreises und seiner Umgebung 11, 1882, 33-42.

H. Müller, Pollenanalytische Untersuchungen eines Quartärprofils durch die spät-und nacheiszeitlichen Ablagerungen des Schleinsees (Südwestdeutschland). Geologisches Jahrbuch 79, 1962, 493-526.

H. Nestler-Wocher, Die vorgeschichtliche Besiedlung Langenargens und seiner näheren Umgebung. E. Hindelang u.a. (Hrsg.), 1200 Jahre Langenargen a. B. Festschrift zur 1200-Jahr-Feier (Tettnang 1970) 11-12.

B. Overbeck, Gesch. des Alpenrheintals in röm. Zeit. Münchner Beiträge zur Vor- und Frühgeschichte 20 (München 1982).

O. Paret, Württemberg in vor- und frühgeschichtlicher Zeit (Stuttgart 1921).

E. Paulus, Oberamt Tettnang. In: Das Königreich Württemberg. Eine Beschreibung von Land, Volk und Staat. (Stuttgart 1863), 947-950.

E. von Paulus, Die Alterthümer in Württemberg aus der römischen, altgermanischen (keltischen) und alemannischen (fränkischen) Zeit. [besonderer Abdruck aus den Württembergischen Jahrbüchern]. (Stuttgart 1877).

E. Riha, Die römischen Fibeln aus Augst und Kaiseraugst. Forschungen in Augst 3 (Augst 1979).

K. Roth-Rubi, Die Villa von Stutheien/Hüttwilen TG. Ein Gutshof der mittleren Kaiserzeit Antiqua 14 (Basel 1986).

W. Schmidle, Über das Alter des heutigen Oberseespiegels. Mitteilungen der Naturforschenden Gesellschaft Schaffhausen 20, 1945, 14-24.

G. Schneider, Aus der Vor- und Frühgeschichte In: B. Wiedmann (Hrsg.), Der Bodenseekreis (Stuttgart/Aalen 1980).

A. Schneider, Burgen und Befestigungsanlagen des Mittelalters im Bodenseekreis. Fundber. Baden-Württemberg 14, 1989, 515-667.

C. Schucany/S. Martin-Kilcher/L. Berger/D. Paunier (Hrsg.), Römische Keramik in der Schweiz. Veröffentlichungen der Schweizerischen Gesellschaft für Ur- und. Frühgeschichte (Basel 1999).

E. Vonbank, Arbor Felix. Zu den Ausgrabungen 1958-1962 in Arbon, Kt. Thurgau. Ur-Schweiz 28, 1964, 1-24.

G. Wagner, Untersuchung an Sedimenten in Deltabereichen von Schussen und Argen (Heidelberg 1967).

H. Wartmann, Urkundenbuch der Abtei St. Gallen (St. Gallen 1863-1955).

H. R. Wiedemer, Die Walenseeroute in frührömischer Zeit. In: R. Degen/W. Drack/R. Wyss (Hrsg.), Festschr. E. Vogt (Zürich 1966) 167-172.

Taf. 1

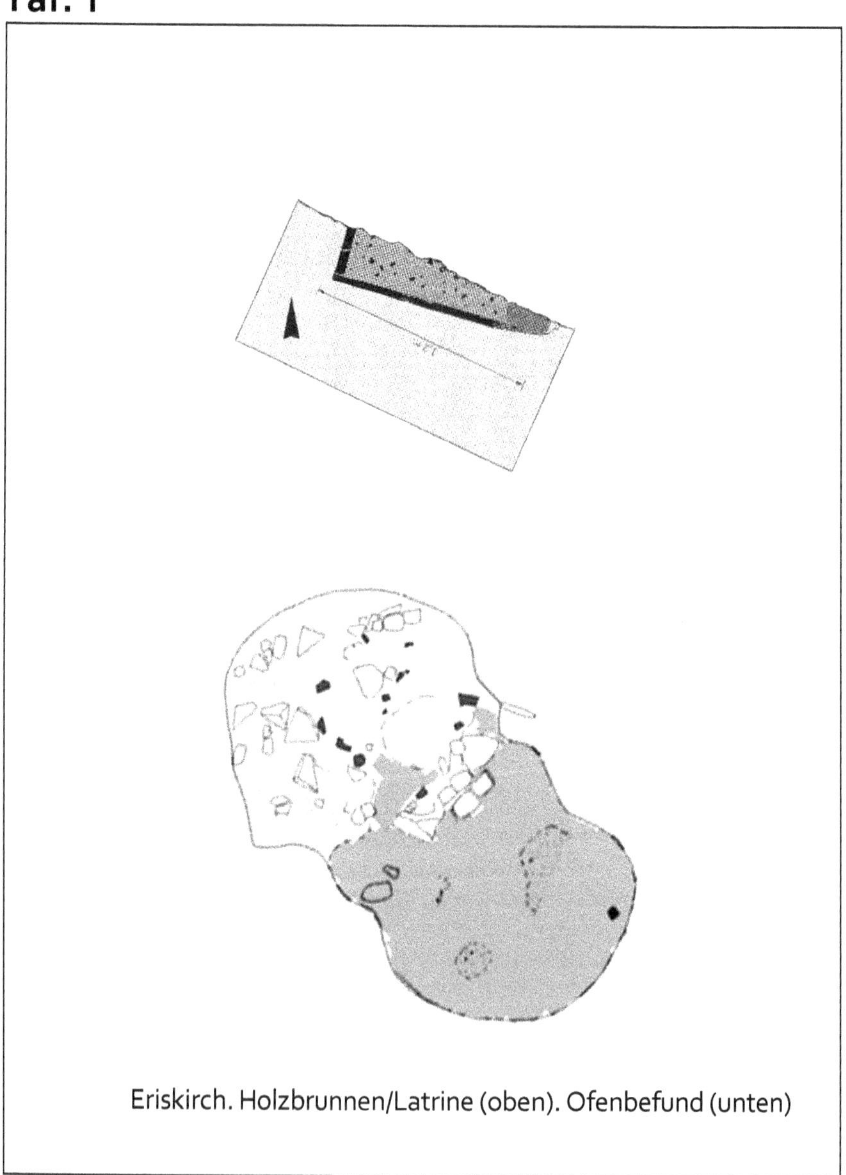

Eriskirch. Holzbrunnen/Latrine (oben). Ofenbefund (unten)

Taf. 2

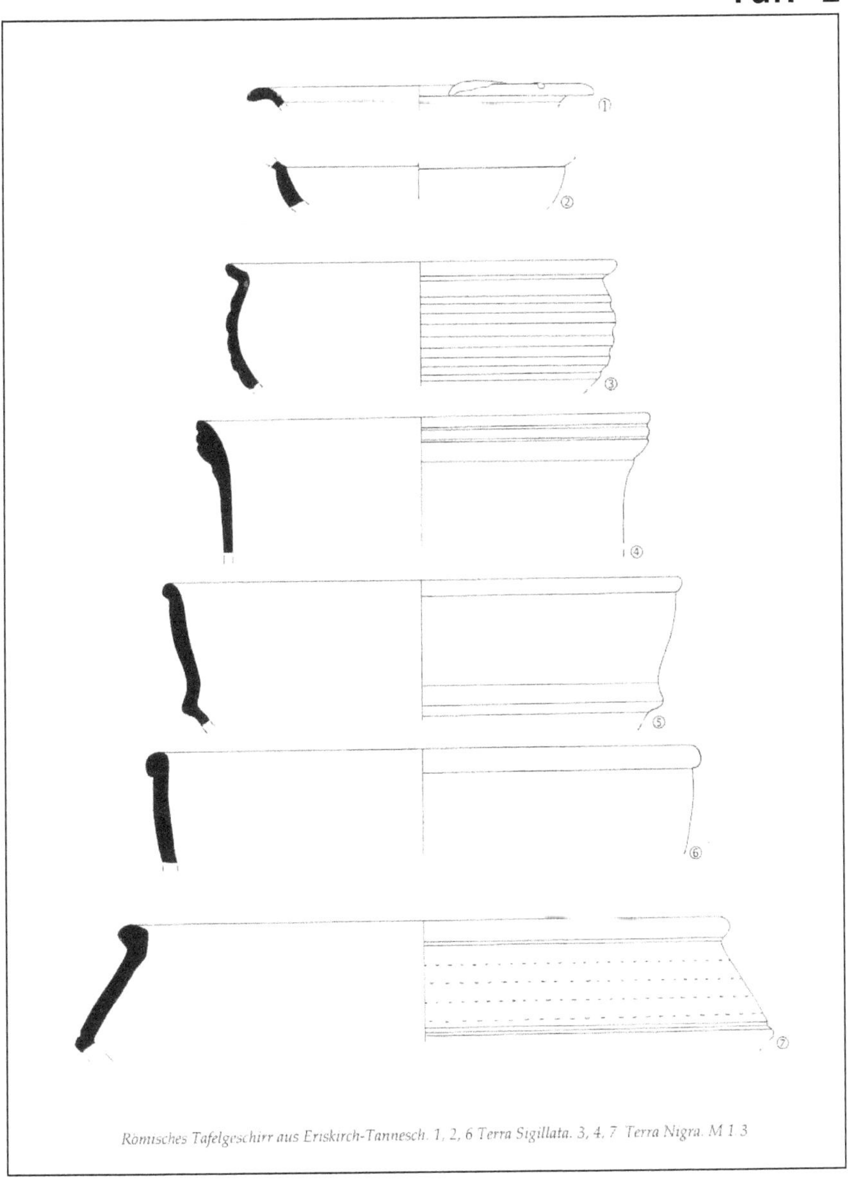

Römisches Tafelgeschirr aus Eriskirch-Tannesch. 1, 2, 6 Terra Sigillata. 3, 4, 7 Terra Nigra. M 1:3

Taf. 3

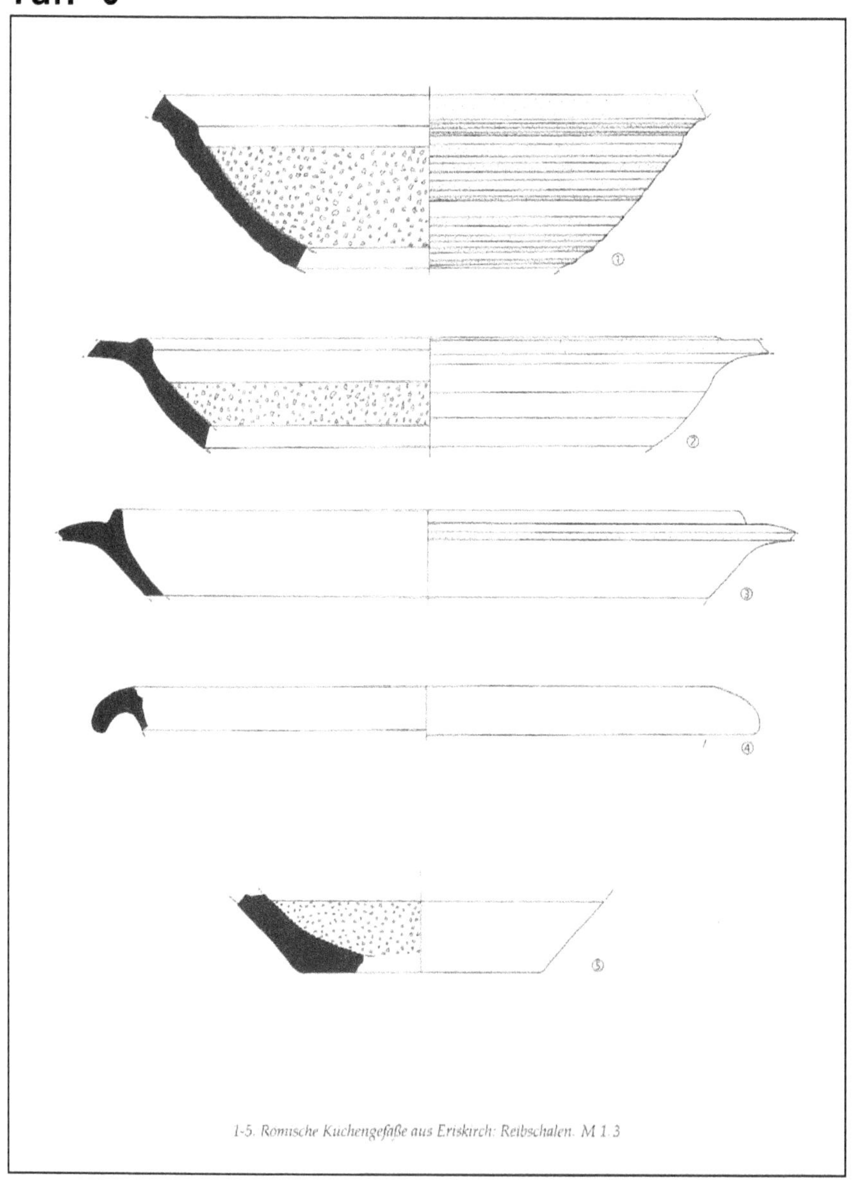

1-5. Römische Küchengefäße aus Eriskirch: Reibschalen. M 1:3

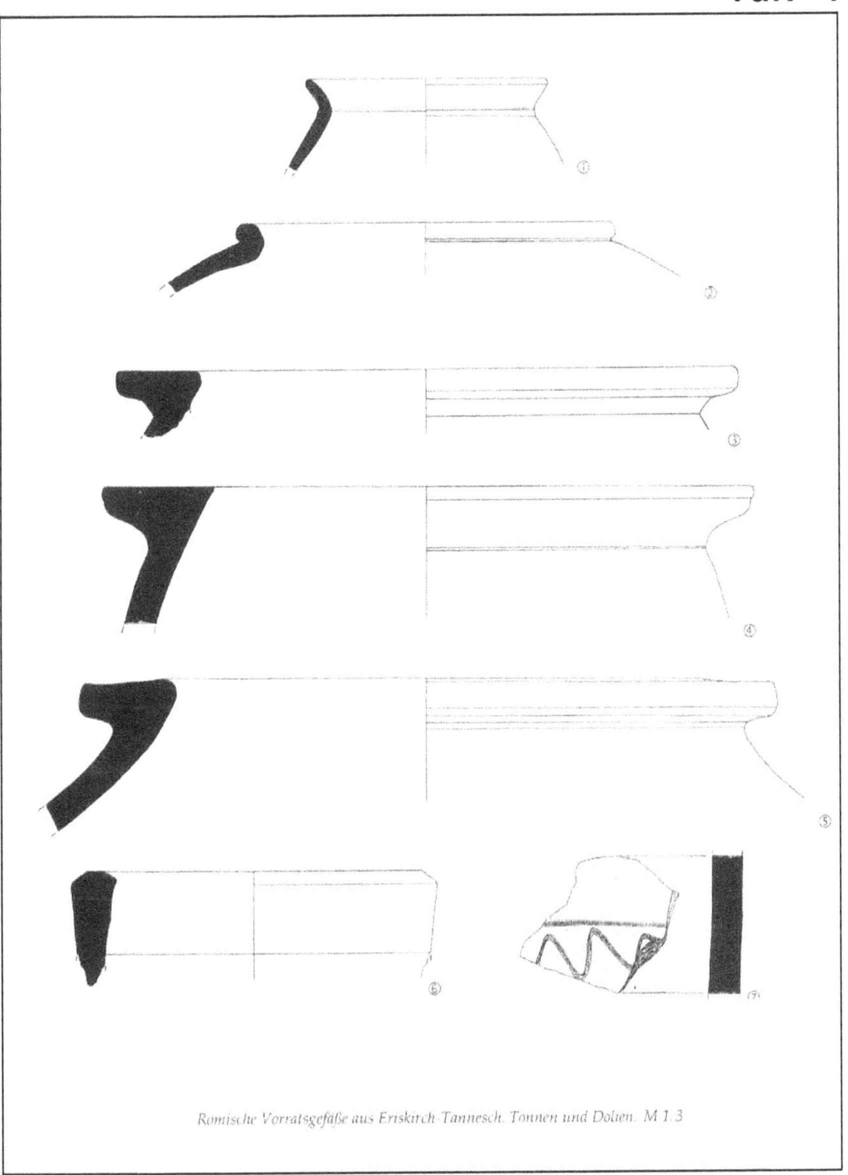

Römische Vorratsgefäße aus Eriskirch-Tannesch. Tonnen und Dolien. M 1:3

Taf. 5

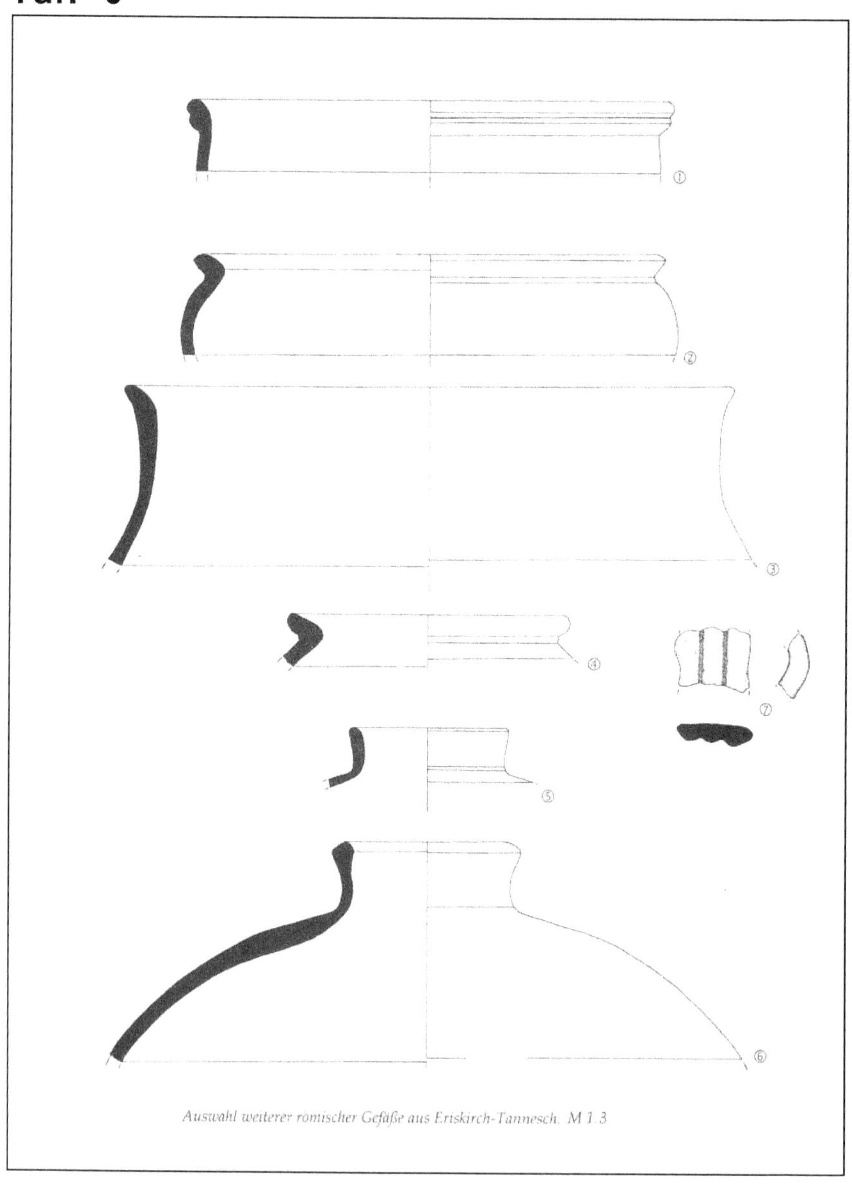

Auswahl weiterer römischer Gefäße aus Eriskirch-Tannesch. M 1:3

ⓘ Anfahrt mit Velo über Bodenseeradwanderweg

Route 1 – kurze Tour

△ **Bei der Querung der alten B-31 ist äusserste Vorsicht geboten, da die Automobilisten oft mit hoher Geschwindigkeit unterwegs sind.**

❶ Römische Schmiede
❷ Römischer Brunnen
❸ römisches Gebäude
❹ Areal der Nekropole
❺ Römischer Keller
❻ Römischer Töpferofen

Anfahrt von Osten über Bodenseerundweg: Nach Eriskirch Ried rechts in Riedstrasse – links in Schussenstrasse – vorsichtig über Friedrichshafener Strasse in Baumgartnerstrasse – links in Tanneschstrasse – entlang der Tanneschstrasse erstreckt sich ein Grossteil der Siedlung. rechter Hand auf dem Gelände der Firma Stitz Zentralbereich der römischen Nekropole. Unter dem Parkplatz des Feuerwehrhauses römische Töpferöfen.

Route 2 – längere Tour

△ **Unterführungen ermöglichen einen Zugang ohne Querung der B-31 alt.**

❶ Römische Grundmauern in Flur „Mauern"
❷ Römischer Töpferofen in Mariabrunn
❸ Römische Brücke
❹ Römische Schmiede
❺ Römischer Brunnen
❻ Römisches Gebäude
❼ Areal der Nekropole
❽ Römischer Töpferofen in Eriskirch

Anfahrt von Osten über Bodenseerundweg: Nach Eriskircher Ried rechts in Riedstrasse – links in Schussenstrasse – rechts in Brückenstrasse – nach Brücke links in kleinen Weg zur Unterführung – Röckenweg entlang – durch zweite Unterführung – nach zweiter Unterführung links – rechter Hand das Areal der römischen Töpferei – danach weiter bis zur Schussen – hier links durch dritte Unterführung – dem Weg folgen bis zur Hauptstrasse – hier rechts bis Baumgartnerstrasse – rechts in Baumgartnerstrasse einbiegen – links in Tanneschstrasse – entlang der Tanneschstrasse erstreckt sich ein Grossteil der Siedlung – rechter Hand auf dem Gelände der Firma Stitz Zentralbereich der römischen Nekropole – Unter dem Parkplatz des Feuerwehrhauses römische Töpferöfen.

 Über B-31 neu, Ausfahrt Eriskirch

 Es gibt keine öffentlichen Parkplätze

Beilage 1 — Velo-Route 1

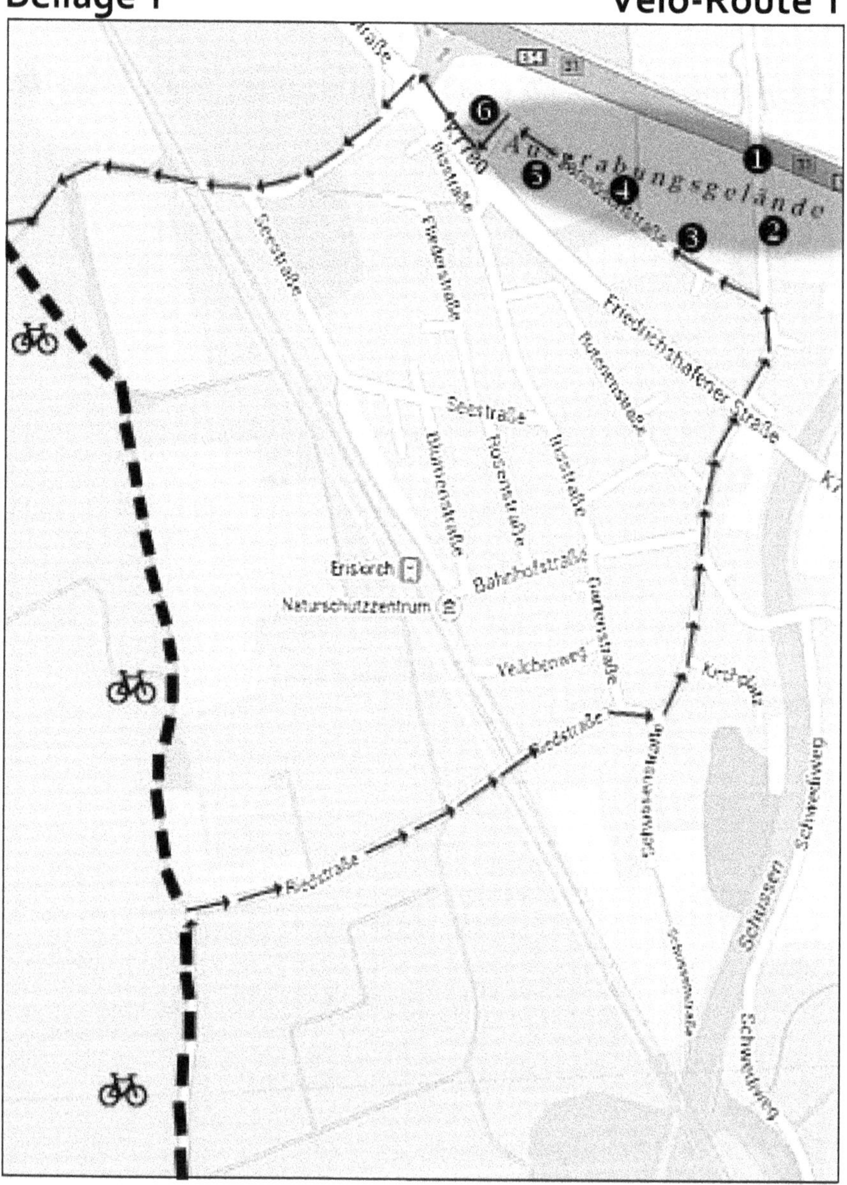

Velo-Route 2 Beilage 2

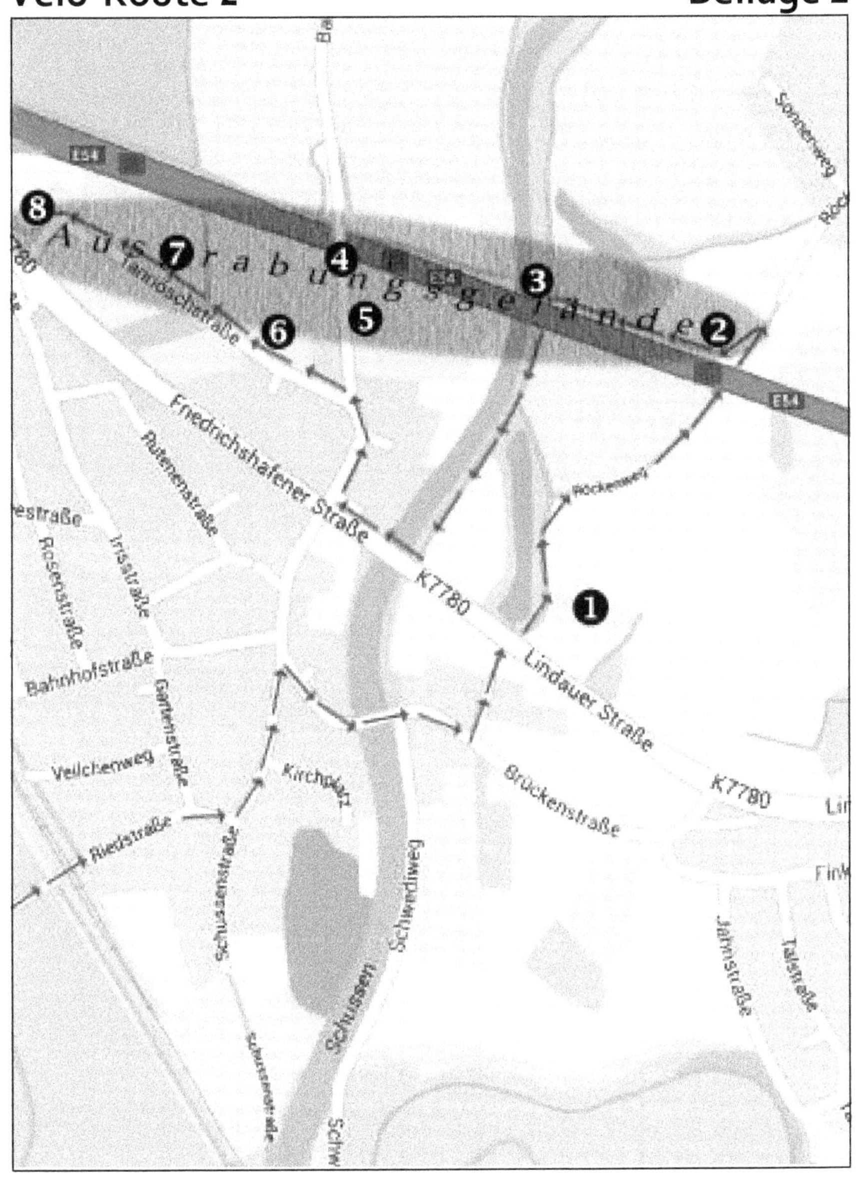

Abbildungsnachweis

Titelbild	*Gestaltung E. Breuer*
Übersichtskarte Innenumschlag	*Zeichnung E. Breuer*
Abb. 2	*Foto E. Breuer*
Abb. 3	*Zeichnung E. Breuer*
Abb. 4	*Zeichnung E. Breuer mit Hintergrund nach P. Goessler, Die vor- und frühgeschichtlichen Altertümer des Oberamts Tettnang[2] (Stuttgart 1914), 136-176, Taf. X*
Abb. 5	*Gestaltung E. Breuer mit Einzelzeichnungen aus P. Goessler, Die vor- und frühgeschichtlichen Altertümer des Oberamts Tettnang[2] (Stuttgart 1914), 136-176, Taf. II*
Abb. 6.1	*Foto E. Breuer nach Luftbild im Rathaus Eriskirch*
Abb. 6.2	*Foto E. Breuer*
Abb. 6.3	*Foto E. Breuer*
Abb. 7	*Foto E. Breuer*
Abb. 8	*Gestaltung E. Breuer nach Foto Dr. Ulrich Klein, Württembergisches Landesmuseum Stuttgart – Münzkabinett*
Taf. 1	*oben: Zeichnung E. Breuer, unten: Umzeichnung E. Breuer*
Taf. 2	*Zeichnung E. Breuer*
Taf. 3	*Zeichnung E. Breuer*
Taf. 4	*Zeichnung E. Breuer*
Taf. 5	*Zeichnung E. Breuer*
Beilage 1	*Zeichnung E. Breuer*
Beilage 2	*Zeichnung E. Breuer*
Rückseite	*Gestaltung E. Breuer*

Impressum

Herausgeber: *archaeologia.ch*
Autor: *Eric Breuer*
Gesamtherstellung: *Lulu Press*
ISBN 978-1-291-63391-7
Layout, Zeichnungen und Photos by E. Breuer

www.ingramcontent.com/pod-product-compliance
Ingram Content Group UK Ltd.
Pitfield, Milton Keynes, MK11 3LW, UK
UKHW020228250726
13967UKWH00001B/248